AF599657

Travesía de un exilio

Este libro ha sido impreso con papel 100% reciclado.

lasturaediciones.com
info@lastura.es

Colección Alcalima, n.º 235
Dirige la colección: Isabel Miguel

Editado en Madrid, España.

Primera edición: mayo, 2024

Depósito Legal: M-10581-2024
ISBN: 978-84-128660-2-5

Impreso en Antequera, Málaga (España)

María Luisa García-Ochoa

TRAVESÍA DE UN EXILIO

Colección Alcalima de Poesía n.º 235

Yace tu tierra más allá del agua.
Nunca tus ojos volverán a verla.
José Moreno Villa

Travesía de un exilio recoge, en forma poética, un conjunto de pensamientos y sentimientos personales en torno al exilio. La lectura del libro *Delirio y destino* en el que María Zambrano narra su propia historia, su propio exilio, produjo en mí una gran impresión, como homenaje a ella y a cuantos lo sufrieron y lo siguen padeciendo escribo estos poemas. De la mano de la gran exiliada que fue María Zambrano recorremos todos los exilios. En este libro se afrontan los exilios interiores, como el que vivió mi padre.

Este exilio interior que por dentro me inunda
¿hubiera sido pena, pena igual extramuros?
¿hubieran sido lágrimas, lágrimas en silencio
en cualquier otra orilla, junto a todos vosotros?

Exilios exteriores, como los que vivieron muchos amigos de mi padre que pudieron regresar cuando yo ya era una adolescente. Un buen ejemplo de este tipo de exilio fue el sufrido por Eugenio Granell que salió con lo puesto de nuestro país, vivió en América muchos años y en los años 70 pudo regresar.

El éxodo es memoria que olvidas en maizales,
dejas a tus amigos detrás de bambalinas.
Quién me arrancó de allí.
Quién me acompaña ahora.

Hablo del exilio del hambre y del maltrato, de las malas condiciones de vida, de los cayucos, de la desesperanza, del dolor que causan las autarquías.

Vino en una patera sin derecho a equipaje,
salitre color negro y crespa marejada.

Exilio, delirio y soledad.

EXILIO

Dice tapia, pared y digo muro.
Isabel Miguel

Amiga, dices muro, yo declamo destierros,
delirio y destrucción.
Una condena muda sin pájaros sin árboles
y ya nadie te escucha ni hay eco en la colina,
por eso tanto grito de todos los perdidos,
de todos los vencidos detrás de las fronteras.
¿Dónde están los invictos? Quizás atrincherados
cultiven cinamomos que adornen sus miradas.

Un viaje fuera de hora, ¡hay tanta lejanía!
La penumbra recorre inadvertidas sombras,
pasos por los caminos hasta que den el alto.
Mi partida es trasiego, busco la madrugada
y muchos me acompañan en la huida del tránsito,
pero en la retaguardia
no hay luz
ni candilejas
ni avecillas que avisen de los buenos agüeros.

Vino en una patera sin derecho a equipaje,
salitre color negro y crespa marejada.
Se encontró con las rocas, pared de desencuentro,
un gran murmullo de algas tapizó su cabeza,
los cangrejos huían, sabían la desgracia.

La tierra prometida no cobija a los pobres
y no admite razón ni querella ni llanto.

Tragan sal las gargantas cuando el viento está en
[contra,
no hay quien pare esta hégira esclava de infortunio,
no hay quien frene su paso a traición muchas veces.
Hay que matar el hambre de pan y de conciencia,
que no caiga el olvido entre piélago y cumbre.
Por qué esquilman pobrezas,
desiertos en barbecho,
rosario de retamas que apenas tienen flor.

El corazón helado como una eternidad,
no hay claros en el bosque, no es posible el regreso,
por qué tantos abismos circundando el camino.

Mis ideas me alejan a esta isla innombrable,
vanidad y locura de caída y tiniebla.
Todo lo abandoné, solo me traje sombras,
invisibles contornos, tenebrosos fantasmas.

Sé que hoy mi destierro me inunda, sí, me inunda.

Pasado y devenir se enredan en mi frente,
combate entre lagartos,
lid sin cuartel.
Todo sucede en círculo, inesperada inercia,
el fin de una huida que no encuentra lugar.
Las nubes forman corro alimentando duelos,
un sosegado ritmo que a la umbría da nombre.
Titubea la tierra, a veces consagrada,
lenta la hierba crece, le puede la pereza.

Los que llegaron tarde, a punto de morir,
tuvieron mucha suerte, un ángel los veló.
No hubo vientos en contra, no volcó su cayuco,
tampoco la torpeza de un ataque de mar.

De la noche a la luz, al alba que florece
y al fin el sol proyecta sus redentores rayos.

La tierra es siempre nuestra, origen que nos cubre.

Todos somos alijos, contrabandos humanos,
ilegal estraperlo, por hambre y opinión,
con la pena de ausencias que añoranzas conmueven.
Estamos lejos,
al otro lado…
Mas con sueños parejos por amar nuestros días
¿en el mismo planeta?
Lo digo haciendo señas con las manos atadas.

Comieron sabandijas y algunas musarañas,
así mataron hambre, calamidad, miseria.
Tan solo hay que marcharse y seguir los caminos…
cómo esperar milagros sin beatos ni vírgenes.
¿Tú ves alguna ardilla recorriendo los bosques?
Aquí solo hay arenas, padres y niños huérfanos.
Ni siquiera algún pájaro o lagarto perdido.

Permitidles pasar,
que no salten el muro.

Este exilio interior que por dentro me inunda
¿hubiera sido pena, pena igual extramuros?
¿hubieran sido lágrimas, lágrimas en silencio
en cualquier otra orilla, junto a todos vosotros?

Pero me quedé aquí, en este cascarón
de inhumanas ausencias.
En calma os evoqué.

Fui uniendo vuestras letras y os mandé mariposas.
Os velé como a sombras, como a aves errantes.
Algunos regresasteis pasados muchos fuegos
e intentamos unir confusas taraceas,
desperdigadas piezas de un mosaico de vida.

Me exilio de mi lengua, de mis propias raíces,
construyo los paisajes sin ninguna armonía.
Sé que he perdido el tiempo, el mío, y el lugar,
ahora me uno al gueto, al dolor del destierro.
El aire corre lento en tiempos de silencio,
pausada mariposa, flemático ciempiés.
Las horas son sin prisa, minutos sin repente.
El éxodo es memoria que olvidas en maizales,
dejas a tus amigos detrás de bambalinas.
Quién me arrancó de allí.
Quién me acompaña ahora.

Emigré como un ave, fui grulla, golondrina,
perdí la identidad, también a mis ancestros.
Dónde están mis tamales, mi yuca y mi desván.

Hoy soy un forastero,
sin lugar ni terruño,
quizá fue cobardía o mi propio abandono,
pero extraño mi voz si me aqueja el silencio.

La causa de mi exilio es doctrina y es hambre,
me confino en la cueva plagada de murciélagos,
vampiros despistados que me hacen compañía.

Cuando ellos volvieron no tuvieron lugar,
los nidos ya no eran ni la pasión tampoco,
mas de nuevo el encuentro tuvo tiznes de encanto
gracias a los de dentro,
los que nunca se fueron.

Palabras y recuerdos, ritos condescendientes,
edades de otros tiempos que buscaban refugio.
Repoblaron caminos, plantaron girasoles,
compartieron sus huertos y el agua de la acequia,
tañeron las campanas cuando el claro del alba.

Me refugiaré aquí,
en esta quietud de aire,
curaré mi desdicha, ya no tengo más treguas.
Me recorre un insomnio de tanta extranjería,
hoy soy de esta república en intensa catarsis,
para no herir mi patria dije ser del exilio.
Fue un ajuste de cuentas de sucesos pasados.

La humilde esperanza de negar miedo y hambre
de que el ciclón se aleje a un confín sin regreso.
Apenas cruzar un mar por si es mejor la vida,
huir de las matanzas, de lágrimas y pólvora,
hégira sin fronteras sin barlovento a bordo.
Agradezco a la tierra su amparo y cortesía.
Y andar por este bosque,
escuchar el silencio.
Vigoroso proscenio de avatares nocturnos.

Luciérnagas amigas iluminan las sendas.

La música y la luz vibran entre mis manos,
son las de mi ciudad,
las de mi gente.
Añoranza sublime que me embarga en la noche.

Mi casa abandonada, solo viven erizos
y su sombra es tan tibia que adormece sus muros,
espera mi regreso cuando la lluvia amaine.
Saldré de mi guarida, curaré mi ceguera,
emprenderé el retorno salvando los escollos.

Hoy me desborda el duelo, hoy quiero ver mi triunfo.

Llevo los remos rotos, sin botavara voy,
ni siquiera una brújula con su norte visible.
Buscaré una bandada de gaviotas silvestres,
siempre van a buen puerto, que sean mi bitácora
con su firme volar, su celeste aleteo.

Si consigo lograr un mar con certidumbre,
aunque navegue lejos hasta poder llegar
a tierra sin abrojos que se engarce a mis pies,
si lo consigo al fin, no moriré por nada.

Flotaban en el mar, eran boyas humanas
salpicadas de llanto con un halo de espuma,
un ramo de nenúfares, no tocaron la orilla
y se hundió la esperanza antes de amanecer.

Un arco iris se alzó, mojadas sus cabezas,
multicolor guirnalda, aura benefactora
que no salvó sus vidas, solo la oscuridad.

No logro superarme, transcender como un pájaro,
ni saltar las barreras de este valle profundo,
soy como una crisálida, incapaz mariposa.
¿Es que ya no hay amor?
¿Ni tampoco guirnaldas?
Me asomo a mi balcón por si algo sucediera,
pero la calle triste me devuelve odiseas,
no hay nadie en los caminos, me matará la tarde
si no hay vivas gacelas en libertad volando.
El exilio es olvido, un tiempo ya pretérito.
Pasar días y vísperas en lejanos contornos
con trashumante anhelo de volver algún día.

Desde aquí oigo el tren que me llevó a estos pagos,
no sé si preguntarle por qué me trajo aquí,
mas qué me va a decir, que tengo mala estrella,
que, si anhelo mi origen, que torne a mi lugar.

Él no sabe razones de este fatal retiro,
no le conté mi trama ni siquiera mi fábula.
Y total, ¿para qué?
Huir de vencedores que mancillan los valles.
Vida a ninguna parte, el tormento es mi viaje.

Quien pudiera como el río ser fugitivo y eterno.
Dulce María Loynaz

Dormida sobre arena, pensarán que estoy muerta.
Quizá nadie me mire, ¿alguien me llorará?
Si hubiera sido río, cruzaría lo eterno
sin diques ni murallas y sin tantos silencios,
ya no sería prófuga, germen de rebeldía,
ni siquiera derrota, solo parte de playa.

Que no nos caiga azufre con esta lluvia turbia,
aquí los despiadados no tenemos cobijo
las nereidas tampoco, ni siquiera las ninfas.

La siniestra locura sin ninguna respuesta
no caben fantasías que iluminen los ojos.
Ya no hay días serenos que llenen nuestras manos
todavía nos resta el valor de las noches.

Ya no queda nobleza que merezca vivir,
se prohíbe el amor por ser sueño lascivo.

Inesperado mapa de frontales fronteras,
cuando nazca la paz en mi tierra lejana,
lo anunciará feliz una avecilla amiga
y nos preguntaremos quién causa tal hechizo,
si es magia repentina, voluntad del deseo
como marcha triunfal sobre magno arco iris.
No habrá agravios ni límites ni escondidos semblantes.

Detrás de la alambrada hay también lagartijas.
He visto alguna araña que quiere atrapar moscas
bajo el sol de justicia que imponen las fronteras.
Y todos concentrados en el campo prohibido
por si cae algún muro, por si sobrevivir.

Somos el sur y somos el desierto.
Somos las moscas, ellos las arañas.

Dónde está el exterminio, los que no han de volver.
Yo busco a un buen amigo, solo quiero llamarle
en esta noche bruna de estrellas encendida.
Alumbra el malecón con rojas cicindelas,
es lluvia de color que ilumina los ojos,
arco iris nocturno que da luz al camino.
Deseo que se venga, que huya de la matanza.

Han cesado los golpes tras la puerta cerrada,
piensan que hemos huido o que acudió la muerte
o algún otro exterminio.
Ellos sienten así.
Cuando llegue la noche serán nuestros los campos,
caminos despejados para el viaje sin vuelta.
Guardaremos el miedo al fondo del armario
no es buena compañía para cumplir los sueños.

El hambre hace correr, saltar las alambradas,
volar por los desiertos, naufragar en el mar.
El hambre hace valientes que cantan contra el miedo,
qué más pueden hacer si nacen en el margen,
al filo de la vida, arrabales inmundos.
Qué podemos pedir estando en la otra orilla,
sin temor, sin hambruna, con los zapatos puestos.

Ya no cruzan los pájaros ni en mi alféizar se posan
huyen de las congojas y de este mal vivir.
Es seguro que vuelven al estanque de ninfas,
paraje mitológico,
pura imaginación,
como cuento de niños, imposible e irreal.

Imitando al gorjeo tarareo algún silbo
y quizás se den cuenta que les echo de menos,
que los días sin ellos es exilio perpetuo.

Es tan grande el silencio que se quiebra mi voz.

DELIRIO

Es el viento del sur el que deshoja auroras,
convierte el horizonte en muro de nostalgia
y cuando el sol se oculta es un lienzo la noche.

La oscuridad me agita con su febril fantasma,
qué pasará mañana cuando el huerto se seque
y que harán las hormigas, sus patas de azabache,
mis hijos y otros hijos…
En mí todo desvelo.
¿Dormiré en la espesura de esta tierra de nadie?

Cierro los ojos, rezo,
plañida voz,
plegaria
sin temor a este trance
de raíces profundas.
Enjambre de palabras
que no todos entienden.
No hablaré con la esfinge,
domina su belleza,
quizás escuche,
pero jamás responde.
Me habito en el silencio.
Soy abeja sin techo.

Quisiera ser del Norte y cantar greguerías
y que en mi verja hubiera azules azaleas.
Pero soy de esta estepa, desertora de frutos
que a razón no despierta ni siquiera a lagartos.
Y quisiera marcharme,
huir de la caverna,
este pozo sin aire que me flagela el alma.
¿Por qué vimos la luz en este vertedero?

Te miras al espejo para entender mejor,
renuncias al reflejo que te ofrece la imagen,
quizá hay falta de luz, confusa alegoría.
Golpean las estampas que ya no quieres ver
allá atrás, en la sombra, noches de salamandras,
son frágiles viñetas que te arañan la piel.
Ahora es diferente en este incierto páramo,
tu rostro se confunde con neblinosas grietas,
son brumas que se aferran con ritmos imprecisos,
certezas venideras que en tu frente florecen.

No hay lugar para dudas.
Saltas al fango y sigues.

El poeta luchó, el arma fue palabra,
huyó del exterminio, diáspora nocturna
para seguir su hazaña de insólito destino
y reunió sus poemas formando un baluarte.
Se vistió de juglar, noble malabarista,
leal volatinero de mensajes sin miedo
y dejó testimonio de un óbito profundo.

Me acompaña un mapache con su cara inocente,
inquieto y trepador como un cuatí salvaje,
seguro que está hambriento y deseoso de paz,
como yo cuando vine a estas tierras lejanas.
Me despierto temprano, el mapache es un sueño,
un disfraz de la noche que un deseo simula
si otra vida tuviera,
si otra oportunidad…

Soy tan solo una parte de esta gran profecía,
rezo en mi santuario esta noche de eclipse,
izaré mi cometa como salva de aviso
que todo el mundo vea que estoy al otro lado,
lejos de mis raíces con mis manos violetas
en lontananza.

Esta vida intranquila a una avispa recuerda,
la prisa vulnerable de un aguijón hiriente,
comenté a la tortuga que a mi lado pasaba.
La avispa y la tortuga son ritmos de la vida,
cada una su cuento, yo con rebelde amor
de no querer leyendas ni sordas moralejas,
yo marco en mi cadencia las claves de armonía
quizás otro compás de sublevada trova.

Ha crecido un desierto que mi garganta agosta,
en mitad de la nada, páramo sin fronteras.
Los vientos erosionan arenas y algún nómada,
un fósil me acompaña, fue un día caracol,
o quizás un armadillo sosegado y amable.

Desde este monte azul todo el paisaje observo,
andantes soledades, despistadas estrellas.
Delante el palmeral, espejismo fantástico.

Hay tiempo de condena y aciaga incertidumbre,
que venga una sibila
–docta y maestra en fábulas–
y rebele su oráculo,
¿cuándo retornaremos?
Que envíe sus halcones con garras afiladas,
la vuelta no es posible hasta que el viento cambie,
me dijo una cigüeña posada en el tejado,
le dieron la razón algunas amapolas.

Si el poder es violencia, con palabras respondo,
no sirven los silencios, lo saben los poetas.
Cómo alzarme en silencio contra alta pleamar,
cómo volar sin alas si no es con mis acentos.
Alumbran los faroles el baile de las ninfas,
míticas y sagradas, con sus perdidos pasos.
Música y poesía.
También algún traspié.

Calma que se sumerge bajo un manto de lluvia,
que me empaña los ojos a través de las rejas,
distancias que, a lo lejos, disuelven vuestros rostros.

Es como una señal, entorno la mirada,
cabalgo en unicornio, en caballo salvaje
y doy vueltas y vueltas en un gran carrusel.
Me mareo en el círculo y me dejo llevar.

El tiovivo alegre me saca del rincón.

Llego a este mar ingrato, dudas y desamparo,
plagado de barrancos, rompeolas y sal,
por debajo del puente veo al gorrión cantar.
Todo imaginación, ni siquiera hay gaviotas,
también oigo sirenas hablando en mi desván.
Un mar imaginario no es igual a otro mar.

Es difícil vivir con los ojos cansados,
seguro que es locura unida a la ilusión.

Me asomo al agujero donde habita el lagarto,
todavía no he muerto, sigo a mi voluntad.
Necesito un espacio para cumplir mi estrella,
sol esclarecedor sin albas neblinosas.
Me oprime este sentir como un hambre que mata,
cicateras limosnas de un recuerdo remoto.

Nada tiene sentido, pero hay veces que rezo.
Quizás sea locura, simple enajenación.

Me siento peregrina, foránea de estos valles,
dónde mi pueblo libre, no le oigo cantar.
A veces en voz alta me invento un griterío,
letanía salvaje que respuesta no tiene.

Es un cine sonoro donde la voz no alcanza,
vaho de candilejas que salpican ofensas,
luego vuelvo al silencio,
rincón de estalactitas
y me transformo en piedra,
salvaje camaleón.

Vivo en un mar lejano repleto de sargazos,
taciturnas mareas de afligidos recuerdos
y una lluvia templada cae sobre mí en lisonja.
Solo trato con dioses, guardan mucho silencio,
entiendo que me escuchan en solitaria tierra.
Un consuelo fortuito como el vuelo de un ángel
y me invade el sigilo, una profunda paz.

No es alucinación ni apenas desatino,
quizás un artificio, fruslerías sin más.

No recuerdo la hazaña ¿existió el paraíso?
Nuestra historia cambió, pérfida pesadilla.
No me traigáis memoria,
reminiscencia vacua,
solo altera mis noches y mis horas de sombra.
Es mejor postergar remembranzas de ayer
ignorar que existieron, que duerman como un topo.

Alguien conversa ahí fuera,
de mi delirio hablan,
de este destino lejos ¿es justo mi desahucio?
Quién sabe del destino, de la imparcial verdad
del cabal veredicto, comprensión imposible.

Todo lo dejé allí menos mi sentimiento.

La memoria retorna, pero de largo pasa
como torcaz paloma sin mensaje ni anuncio.
Barahúnda en mi frente de vestigios y rastros,
un baúl de mil bártulos que en las horas se juntan,
cambalaches de historias, crónicas de otra edad.
Y me refugio aquí, un mundo de serpientes
como eremita hereje por mor de mis ideas.

Cada noche en azul augura lejanía,
mi mente en desvarío, fragilidad del tiempo.

Barrunta en mi cabeza una abeja sin tino,
siento la destrucción más cercana que nunca,
es como caracola sin sonido de mar,
muda, solo ve llamas, un fuego incontrolado
quizás note el infierno que tengo en la mirada.

El tiempo se detiene, se parece a un eclipse.
Cataplasma solar que suspende mis días.

Hay días de entusiasmo, se aparecen los dioses,
son sátiros o faunos de testuz diferente
son como alucinógenos que mi mente se inventa.
Oigo voces distantes que no logro intuir
es un eco remoto,
columna de humo gris,
se eleva entre las sombras, deben ser mis amigos
que celebran el fin de este invierno tan largo.

Hibiscos y azaleas adornan mi ventana.
La primavera es más cuando solo hay pobreza.

Escribo mis memorias por si alguien las lee
que sepan de mi amor y de mi travesía,
del dolor del delirio, lugares de otros mundos.

Que no tengan temor de los pasos inciertos
porque hay duendes que ayudan cuando menos lo
[esperas
que surcan sus navíos y a buen puerto te arrastran.

Y ante todo soñar, volar de luna en luna.

Imagen de una imagen como espejismo inverso.
Nítida realidad que sin miedo se enfrenta,
icono persistente que no teme a la vida.

Así os veo a vosotros como un hechizo de ayer,
así os contemplo hoy, más allá del olvido.

Misterioso dragón soporto en mi interior.
Una danza ritual, cogidos de la mano,
primera y ancestral, rítmica y circular,
para desencantarse, abatir maleficios,
unidos como arcángeles, pacto de un juramento.

Cada día lo sueño como única verdad,
el baile de aquelarre dura hasta que amanece,
acompasados lances, música o barahúnda.

La profunda alharaca de un insomnio perpetuo.

Brujas de un aquelarre romperán su promesa
contarán sin pudor su mágica sentencia:
Aunque quizá os asombre lo mejor es cantar
antes de sucumbir en hogueras malditas.

La primera lección de su canon sagrado,
yo no sé si seguirlas, solo armonía quiero,
lo oculto me enajena y no encuentro la escoba.

Me desvela una abeja sin consideración.

Oigo nuestra *traviata* como eco impenitente,
imposible olvidarla, norte de muchas glorias,
ritmo que nos mantuvo unidos como un ramo,
miradas tan acordes como un mismo universo.

Hoy ha cambiado el himno, es triste y melancólico,
descompasó la escala, desafinó silencios
hasta volverse bronco como trino de urraca.

Ni siquiera el profeta adivina el mañana,
cómo voy a saber cómo serán mis horas,
una tragedia griega, un baile alrededor,
un Big Bang imprevisto o un brote de amargura.

Hazme olvidar, ven, Circe. No evoques mi memoria.
Mi casa está vacía y llena de silencios.
Mis brotes ya volaron con las alas de Ícaro.

Dime qué puedo hacer con toda mi epopeya.

En los cañaverales, cálidas hojas brillan
como un vals disidente en puntillas bailado,
nadie lo puede oír, la justicia reprende,
hay que echar las cortinas mientras haya amenaza.

Danza en silencio,
danza prudente y grácil que adorna cada paso
sosegado compás, alas de golondrina
o penacho de plumas de perdida oropéndola.

Secreto minué que trazo en esta tierra.

Borraron las palabras que les comprometían.
Hicieron un resumen de todo el diccionario
y prohibieron algunas por razones secretas.
Fue un glosario completo de letras esfumadas,
de la *a* la alegría, de la *b* la bondad,
de la *c* las canciones…
Dejaron la amargura, la bestia y el censor
y echaron el candado como si fuera infierno.

Todo fue un calambur, retruécano de signos,
mas no quitan las voces que el viento va llevando.

El viento lanza ráfagas imitando a la vida,
arrebata las nubes como el tiempo las horas.
Son rugidos violentos,
silbido sin palabras, un silencio de voces.

El viento aúlla, grita, como el hombre maldice,
son agrestes sus ecos, son de huracán y muerte.

Las nubes dejan huellas de ángeles perdidos,
lo veo con mis ojos, no alcanzo con las manos,
vestigios de abolengo.

Muchachos que ascendieron intentando fronteras,
a veces fueron niños, también hubo mujeres,
todos contra los muros.

Libertad que fue muerte, agua de nube o mar.

SOLEDAD

Dónde está el amor cómplice que firmamos los dos
cuando éramos pobreza,
juntos, sin separarnos.
Antes de que esta tierra, sin más, nos alejara.
Antes de la distancia.
Antes del horizonte.

Caer en el olvido mitiga el sufrimiento,
tu foto no es real, tu mirada no es esa
es un *flash* instantáneo entre antes y después.

Te das cuenta mi amor, todo pasó hace tiempo.

Conservo la cordura como un camaleón
que cambia su color según sean las ramas.
Salgo al bosque perdido recordando mi origen,
si el alma no te duele el olvido te vence.

Lo mejor es rondar, con franqueza, me digo.
Hay soledades fuertes que la piel endurecen
y vuelven la mirada cuando no hay horizonte.

Yo prefiero no ver, simular que estoy ciega.

El esplendor, a veces, traza algunas miserias.
Cuéntame cómo vives en esa isla desierta,
si escribes lo que piensas, si admites tu derrota,
alquimia del lenguaje con aroma de almizcle,
soledad que elegiste por rescatar tu afecto.
Dime si hay golondrinas, cerca, sobrevolando,
si el amor que dejaste sigue siendo blasón.

Aquí solo hay abismo, trincheras malditas
y todo es muy profundo, como lo que te aleja.

Me acostumbro a vivir con hambre y con promesa,
mando en mi desconsuelo,
me digo cada noche.
Es mi único valer en esta dimensión,
en tierra de urogallos y águilas salvajes
circundada de vuelos que no saben mi fábula.

Curo mi herida aquí, abocada a estos cedros.
A veces mi razón delira entre sus ramas.

No quiero ser yo sola en el bosque apagado,
donde solo las águilas vuelan alto perdidas,
también hay alimañas, siempre al acecho acuden.

Necesito una tregua, una tierra solaz
que comprenda mi huida, que a mi tierra recuerde
antes de que el tambor toque sobre mi tumba
monótono redoble que no suena a campanas.

Quiero en mi territorio gorjeos de jilgueros,
cantos de luna clara y un silbo de sirena.

Yo pongo en la balanza el peso de mi risa,
es mi antiguo vivir, cuando el cielo era abierto,
y os veo en el rincón reunidos celebrando,
certeros en la lógica de una historia feliz.
Tal y como os dejé antes de la barbarie,
antes de ser un perro obligado al collar.

Mi alegría no vence,
gravita la balanza con su fiel indeciso,
solo nostalgias mide.

Yo crucé un gran mar y perdí el equilibrio.

Hoy atardezco lento, como nube sin forma.
Hoy no veré la estrella, se ha esfumado en la brisa.
La noche será bruna, sin toque de trompeta.
Las horas me traicionan, expían mi aflicción,
asoman su mirada como fijas lechuzas.

Me da igual noche o día, tengo un reloj sin rumbo.

Se me cansa la vista, ya no oigo ni el viento.
El humo del cigarro asusta a los lagartos,
merodean mi casa, también mi soledad,
nunca ven el peligro cuando el silencio acosa.
Huyen por el jardín como yo de mi tierra,
sin mirar para atrás,
sin detenerse.

El valor de la vida, no caer en un pozo.

Paradoja mis días, otra orilla imposible,
ya no prende la llama que ardía en mis pupilas,
ya no tengo coraje que llevarme a la boca
tan sedienta del néctar que protegen las flores.

Quizá sea un castigo, un reclamo o traición,
pero estoy sentenciada a este cauto silencio
que encizaña el jardín, ya no hay tiernas biznagas
ni azaleas ni dalias. Solo hay desolación.

Nadie me esperará cuando acabe el camino.

En este laberinto no soy nada ni nadie,
lo sé, quizás mejor me deslizo al barranco.
El tiempo es como araña, patas ligeras, largas,
siempre me creí reina de una selva frondosa,
pero todo fue un sueño, perdida está mi causa.

Ahora soy ermitaña y también peregrina,
a mi costado nacen brotes de hierbabuena
que susurran conmigo mientras crece el silencio.

El tiempo es mi enemigo, audaz volatinero,
hay veces que va cojo,
otras es huracán,
se disfraza de liebre o de lenta tortuga,
según su hoja de ruta, barlovento siroco.
En ocasiones zumba sin respetar las pausas
y mi cabeza quiere abisal precipicio
y añoro los momentos baldíos de mi vida,
los espacios vacíos que pasé con vosotros,
triste velo me cubre, avatar de ceniza.

Retorno al santuario de sueños prohibidos.

Sigo huellas sin rumbo bajo la leve lluvia,
así se borra el rastro como fugaz estrella.
Hoy nada me reprocho, en mis manos ternura
y merodea un viento que mi nombre ya sabe,
la única compañía en este desconsuelo.

Oh, viento, viento, viento, llámame con tu soplo,
antes de mi derrota, tu conoces mi tierra,
apiádate de mí, ve y saluda a mi gente.

Contra el acantilado nunca midas tu lanza,
me avisaron con tiempo, pero yo remé en contra
y arrojé mi palabra sin valorar tormentas
puse acento al timón, velas en lo más alto.

Ellos echaron furias, enervaron las aguas
y sobre mí lanzaron voces de espuma y hiel.
Me hicieron naufragar en fosa de silencio.
Algas en mi garganta.
Piedra mi corazón.

La voz también escucha y, a veces, nos responde.
Es hora de partir, profetiza la aurora,
temprano nos incita a andar por los caminos,
me siguen lagartijas que no pueden dormir.

Vibra la luz, luciérnaga, sobre todo el celeste.
Qué carnal es el día, transparente clarea,
soledad que ilumina amanecer muy lento.

¡Dios mío qué abandono, qué ligera la vida!

Solo quedan las ascuas del fuego que ardió en oro,
de aquella gran ofrenda que ayer comprometimos,
enormes girasoles persiguiendo a su astro.

Solo quedan cenizas de aquel Mediterráneo,
heridas mal curadas, pálidos lotos verdes.

Entender las palabras y también los silencios,
cadencia del sentir cálido entre mis manos,
lucidez que me embarga como agua revelada.

Qué más puedo querer en la calma del orto,
al despuntar el día, cuando los búhos duermen
en sus claras guaridas esperando otra luna.

La historia se ha parado.
La mía también.
Éxtasis.

A veces sin sentido ataca el escorpión,
hermética tragedia que la tierra refleja,
no hace falta una selva, solo insomnio perenne.

Un lejano candil en la ventana alumbra
alargando la sombra del ancestral invierno.

Yo observo con terneza,
es mi último naufragio,
disfrazado de bruma con límites confusos,
me siento desvalida tras el eco del eco
y desbordo palabras como espuma de lava.

Necesito algo nuevo que no suene a desgarro,
algo que nazca virgen y que fluya con brillo,
tabla de salvación que en acrobacia vuele
y acune mi nostalgia como el mar al velero.

Que lo vea la luna que creciente me observa,
cómplice desde arriba compartiendo el dolor
de este lance sin límites.

Por el camino baja mi propia soledad
va rondando silencios con pasos sigilosos,
no quieren que la oigan hollar la grava dura,
ya es bastante estar sola susurrando las penas.
Solo quiere escuchar algún tambor lejano,
cómo hablan los alerces con palomas y hormigas
o los ecos de un topo arañando la tierra.

Desolada oropéndola me rodea y me acoge.

Han partido ya todos hacia otros confines.
Han dejado este sur de carencia y esclavos.
Desean coger rosas,
ramos de comprensión
con sus manos sombrías heridas de nostalgia,
la sangre se transmuta derramada en ceniza
y un polvo de diamante que en los sueños se avienta.

Sí, ya se fueron todos,
solo queda un jardín,
un carrusel que gira,
y un violín olvidado.

Ayer canté sin voz una dulce sonata,
afligidos bemoles en recóndita clave
con arpas y violines, tristes como esta luna
que observa desde arriba como fiel centinela.

No puedo con la noche, su oscura cercanía
trasnochador reflejo de un mañana indeciso,
no puedo ver ni un ángel ni un intrépido duende.

Y me tapo los ojos, sigo oyendo el scherzo,
cada vez es más fuerte.
Cada vez más profundo.

FINAL

Sitting in the morning sun
Otis Redding

Sentada aquí en el muelle, entonaba Otis Redding
desde un cielo infinito en vespertina hora,
ver llegar los barcos y adiós a las mareas.

También dejó su hogar y combatió la hambruna,
deambuló por mil millas con sus huesos cansados
solo puedo seguirle cantando su canción.

Añoré mis encinas centenarias en años
y mis púberes bailes en lejanas bahías.

Ya sé vivir sin tierras, como él sin la fama.

Yo te ofrezco esta umbría que calma la intemperie
de los rayos y el fuego, del témpano de invierno,
ausente ya la luz, la oquedad de mi cueva.

No me importa tu nombre, tu destreza o tu gracia,
pretendo una canción que disuelva mis sombras.

Quiero un leal cortejo que entienda mi palabra
y libere mi carga,
coraza de galápago,
lastre fiero y terrible contra la libertad.

A quién contaré mi pena si no existe equilibrio,
crueldad infinita de un silencio o un gesto,
trazo mensajes mudos y trágicos vocablos.

Hasta el último ápice perseguiré mi esbozo,
me queda resistir, alimentar el fuego
simulando un hogar
hasta que queden brasas.

Quizá mi ángel acuda y torne mi aflicción
de romance en leyenda,
una alborada nueva.

Hoy el sol presta ayuda, mis fantasmas se esconden
la luz no va con ellos, creo que están durmiendo.
Yo me bajo a la orilla del océano calmo
que sumerge las penas con mareas de luna.

Hoy no hay sombra en los pinos ni pesar en mis ojos,
me amparan soledades,
conchas y caracolas
y estos rayos potentes que alegran la mirada.

Pienso en mi último adiós y en el viaje postrero.

Volver a mi cabaña, a aquella en que nací,
regresar a mis sueños, a mi caja de música,
renacer al origen, mi primer manantial.

Es como navegar o volar al galope,
trepidante Pegaso que detiene los tiempos.
Yo me aferro a su crin trenzada de aventuras.

Nadie me detendrá en mi feliz anhelo.

ÍNDICE

Esta primera edición de *Travesía de un exilio* de María
Luisa García-Ochoa terminó de imprimirse en
Antequera (Málaga) el 5 de mayo de 2024,
fecha en la que se conmemora
el nacimiento de Anna
María Mozzoni.

ÚLTIMOS TÍTULOS DE LA COLECCIÓN ALCALIMA

204. *Fábulas del perro viejo*, Agustín Calvo Galán
205. *Virtudes de la inercia*, Miguel Ángel Real
206. *Diarios del año de las moscas*, Alicia Louzao
207. *Morir en Iguazú*, Javier Díaz Gil
208. *Ser raíz*, Begoña Regueiro Salgado
209. *Honda memoria de mí*, Carmen Conde
210. *La fórcola*, Fernando Sarría
211. *El empeño del manantial*, Jorge Riechmann
212. *La lengua de mi madre*, Miguel Veyrat
213. *La serena estrategia de la luz*, Luis Ramos de la Torre
214. *En el reino de las gatas*, Marta Vusquets
215. *Baluartes y violines*, Manuel López Azorín
216. *Érase que se es*, Olvido Andújar
217. *Cautivos*, Mario Espinoza Pino
218. *Brecha sonora y vibrante*, Manuel Broullón
219. *Ubuntu*, Montserrat Villar González
220. *Con una alita rota*, Daniel María
221. *Borrosas pieles*, JM Barbot
222. *Luz dormida*, Nieves Álvarez
223. *El vertedero (en a)*, Juana Marín
224. *Desvestir el cuerpo*, Jesús Cárdenas
225. *Libro de loas*, Antonio Oliver
226. *Ex Patria*, Marietta Franco-Bourrellier
227. *La densidad de los números*, Luis Ramos de la Torre
228. *mortal*, Jorge García Torrego
229. *Un murmullo en Nueva York*, Elena Arribas Delgado
230. *El óxido de la luz*, Pablo Malmierca
231. *Página adentro*, Sofía Rhei
232. *Cuaderno de bitácora*, Amparo Conde Gamazo
233. *Cabeza de familia*, Alicia Louzao
234. *Cantigas de amiga*, Juana Marín

Consulta en nuestra web el catálogo completo.